# 꽃인 줄 모르고 핀다

박해달 시집

상상인 시인선 *037*

# 꽃인 줄 모르고 핀다

*본문 페이지에서 한 연이 첫 번째 행에서 시작될 때에는 〈 표기를 합니다.
*저자의 의도에 따라 작품의 보조 동사와 합성 명사는 띄어쓰기가 달라질 수 있습니다.

### 시인의 말

피었다 진 꽃의 흔적이
쓰다 만 문장 같아서
오래도록 들여다보곤 합니다

언어를 머금은 꽃은
피고 진 적이 없어

감히, 색色이라 말할 수 있을까요


2023년 7월
박해달

■ 차 례

## 1부  너를 사과라 부르기로 한다

| | |
|---|---|
| 원시림에서 걸어 나오는 백석 | 19 |
| 의미가 되기까지 | 20 |
| 알지 못하도록 초록 | 22 |
| 건반 위의 발레리나 | 24 |
| 우글거리는 고백 | 26 |
| 고구마를 굽는 시간 | 27 |
| 고백하자면 | 28 |
| 이별은 완료시제가 아니라서 | 29 |
| 기억으로부터 | 30 |
| 동백꿈 | 31 |
| 거기, 그 꽃자리 | 32 |
| 사계 | 34 |
| 그, 후박나무 | 35 |

## 2부  이제 자장가를 꺼야 할 시간

| | |
|---|---|
| 무심 | 39 |
| 깨어나는 무제 | 40 |
| 꽃인 줄 모르고 핀다 | 42 |
| 악몽 | 44 |
| 수염 틸란드시아 | 45 |
| 능소화 | 46 |
| 알고 있습니다 | 47 |
| 약속이나 하듯 | 48 |
| 나비와 나비 | 50 |
| 바이올린의 서사 | 52 |
| 어둠이 오는 길로 | 53 |
| 내 안의 토굴 | 54 |
| 암자 | 56 |
| 바람을 짚다 | 57 |

## 3부  신이 머무는 정원은 아이의 것

| | |
|---|---:|
| 처음 | 61 |
| 뿌댕이 | 62 |
| 소문은 돌고 | 64 |
| 정원 가꾸는 남자 | 65 |
| 어디쯤 | 66 |
| 굿, 달바라기 | 68 |
| 쉬쉬 시시 | 70 |
| 산사에 피는 꽃 | 72 |
| 마음 읽기 | 73 |
| 오, 깜짝이야 | 74 |
| 흐르는 편지 | 75 |
| 게놈지도 | 76 |
| 일지매 | 77 |

## 4부　자줏빛 멍은 꽃물 같다

| | |
|---|---|
| amor fati를 거스른 욕망 | 81 |
| 푸른 집 소파 | 82 |
| earthing | 84 |
| 벚꽃 여자 | 86 |
| 기도 | 88 |
| 꽃씨 모으는 남자 | 89 |
| 두 발자국이 만나는 지점 | 90 |
| 그를 읽다 | 92 |
| 배부른 목록 | 94 |
| 여백 | 96 |
| 가묘 | 97 |
| 풀꽃의 통점 | 98 |
| 해인海印의 낙엽 | 100 |

**해설 _ 눈물 너머 초록** —박해달 시집 『꽃인 줄 모르고 판다』 읽기　103
오민석(문학평론가·단국대 교수)

# 1부

너를 사과라 부르기로 한다

## 원시림에서 걸어 나오는 백석


한입에 삼킨 정오가
명치 끝에 얹혀 꼼짝하지 않는 시간

육모정과 풀꽃 시계의 어디쯤

흰 손가락 사이로 빠져나가는
담배 한 개비에
태 자리로 돌아간다

어린 애인이 태동을 느끼고
무릎을 내어주는 꿈을 꾼다

초록 선 분명한 수박 한 덩이를 깨뜨렸다

빨간 웃음이 흘렀다

백석은 그렇게 내게로 왔다

## 의미가 되기까지

너를 사과라 부르기로 한다

어느 날 입 안에서 튀어나온 새까만 눈동자

까슬한 눈빛을 준 후 볕 바른 곳에 너를 묻는다

하루, 이틀, 닷새 동안

아무도 아무 말도 하지 않았다

흙으로 돌아갔을 거라 생각했고
씨앗 너머의 세계로 갔을 거라 믿었다

하얀빛이 어둠을 삼키며
순백의 아이로 거듭나는 걸 본다
흙 속의 바람을 세상 밖으로 민다

한 입 베어 문 흔적
고스란히 기록된 너의 머리
연둣빛 물이 오르고

초록 싹 돋는 걸 본다

아장아장 작은 너의 땅이 생길 때까지
견디고 견딜 것이다

너는 나에게 한 알의 숨이 되었으므로

## 알지 못하도록 초록

난 늘 초록이었어
초록이어야만 하는 패를 쥐었으니까

가을로 물드는 너를 보며
갈색 꿈을 꾸기도 했지

너는 무감하게 말하지
갈색은 겨울나기를 위한 순서일 뿐이라고
그러므로 좀 더 진한 초록을 품어야 한다고

뇌척수막염을 끌어안고
척추뼈에 한 뼘 크기의 바늘을 꽂았을 때
애벌레처럼 웅크린 태아가 된 듯했어

몸속으로 스며드는 한기가 아무 데나 흐를 때
구멍마다 절망이 들어앉는 소릴 들었어

버렸던 꿈을 다시 꾸는 시간으로
초록으로 돌아가기 위한 아픔으로
척수액에 몸을 녹였지

〈
새로 돋을 시푸른 초록을 위한
기꺼운 기침

## 건반 위의 발레리나


당신의 얼굴은 파란 하늘 향해
우수수 흔들리는 커다란 느티나무였다가
맑게 솟는 어린 샘물이었다

내게

올음도 허락하지 않은 작별은
불시에 찾아왔고
상실을 견뎌낼 힘이 필요했다

고백조차 허구가 된 시간
홀로된 두려움은 온통 붉고
지난날의 기억만 가득하다

신전은 떠나간 이의 운명을 잠그고
남은 자의 이름을 묻는다

쇼팽의 녹턴이 내 가장 어두운 기억의 눈을 감긴다

꽃기린 영롱한 가시는 예수의 고난

발가락의 깊이를 간직한 채
외목대로 선다

## 우글거리는 고백

죄 아닌 죄를 고하는 종탑
땅으로 고꾸라져 억새꽃 가득한 들녘에 몸을 푼다

무화과밭엔 자라지 못한 뱀들이 우글거리고
아무도 호수(湖水)를 호수라고 말하지 않는다

별똥별 떨어져 반딧불과 섞이는 밤

만삭의 뱀이 서녘 산을 삼키다 빠르게 숲으로 들고
하구 둑 빛바랜 시멘트 조각 위
부슬거리는 배경으로 나는 서 있다

호수가 바다로 가는 동안에도
너는 돌아오지 않는다
울음으로 갈증 난 밤이면
당장 너를 끌어다 놓고 싶다

무작정 흔들린 채로
부러진 채로
바람을 마시며
시월의 풀처럼 눕는다

## 고구마를 굽는 시간


문맹과 문명이 서로를 만지는 시간
섭씨 250도에서 약 50분
고정된 온도에 시간을 맞춘다

뜨거움 속으로 고구마가 온몸을 내어주는 동안
전화벨이 울린다
하늘길 날아오는 당신의 목소리
밝고 경쾌한 노란빛이다

흐린 몇 날을 옷깃에 채운 셔츠가
달큰한 고구마 냄새를 재빨리 받아 삼킨다

화석처럼 뜨거운 눈물 한 방울로 목이 메고
입력된 산, 들, 바다가 아득해진다

당신은 그 먼 시간을 건너온다

달콤함과 구수함이 맞닿는 지점에서
혀끝에 말려 붉은 침으로 익는 고구마

당신을 기다리는 시간이 문맹이라도 좋겠다

## 고백하자면


분홍이 들썩이다 마을 언덕에 눕는다
봄의 화냥기는 아버지의 DNA

달과 별을 데려와 뒹구는 밤 태어난
앞니 빠진 쥐 한 마리

눈앞에서 사라지더니
내 종아리 사정없이 깨물고 간다

오므릴 수도 펼칠 수도 없는 통증
비명이 팝콘처럼 터진다

없는 것들로 넘치고 보이지 않아도 들리는
봄은 나의 스모킹 건
겨울에서 피어나는 설렘

때 없는 눈물 어리고
별무리 당신으로 흔들릴 때

봄은 죄가 없어
사라져도 사라진 것이 없다

## 이별은 완료시제가 아니라서


우물 속 사월을 길어 올릴 때

벚꽃 굽이 진 섬진강
하얀 눈송이
그 기쁨이 미치도록 슬펐다

열에 들떠 맺힌 꽃봉오리 안
여린 싹 푸른 입술 위
날아가는 새의 깃털 속

익숙한 향기
날리는 분홍빛 외면하는 눈길이 서럽다

아기 된 엄마
언제였을까, 벚꽃 아래
웃음 물고 있는 그때가

먼 미래
빛바랜 사진 한 장에 있다

## 기억으로부터


휘청이며 엄마가 따라온다
폐에 바람이 들어 열에 들뜬 가슴 열어젖히고
수액을 꽂는다

투명한 얼음덩이 머리에 이고 등선 따라
걷는 저녁 해
밤마다 앓는 신열에 손잡고 나선 것이 두어 해

구렁이가 스윽 탐욕스레 베어 물고 간 상흔
딱따구리 딱따구르르 염주알 굴리듯 굴려놓고 달아난다
앓는 관절 덩달아 삐걱거린다

편지는 이미 도착해서
팔랑거리며
늦은 나를 맞는다

"오지 말아라.
몸도 약한 것이"

## 동백꿈

동박새는 선홍빛 발톱 하나 동백숲에 둔다

붉은 환청 가쁜 호흡
끊임없이 빗줄기가 손바닥을 훑는다

손금을 타고 들어와 심장을 두드린다

미열로 스민 이름을
다독이며 재운다

형상 없는 내일로 다가와
과거의 나를 꺼내려 한다

오늘이 안 보여 보이지 않는 얼굴

혼란을 삼키고 시간을 더듬어
촘촘한 기억을 바라본다

발톱을 동백숲에 숨겨 두고
날아가던 새들

분분히 붉은 이름으로 돌아온다

## 거기, 그 꽃자리

조고만 싹 하나 틔웠다

두꺼운 마디
세월의 흔적
서고書庫처럼 낡아

각질처럼 벗겨진 표피는
속된 무명無名

장작 패는 도끼날
쪼개지는 서늘함에
등을 대고

너스레를 떠는
모탕이 되어도 좋다

잘린 자리
꿈을 심고 내어놓는

그 틈을 기억해

〈
메우지 말 일이다

거기가 바로
그, 꽃자리

## 사계

멀리 초침 소리 들린다
배회만 하는 발자국 얼어붙기 전
단 한 번도 결행해보지 못한 탈출
시도하려 한다
손을 뻗어도 잡히지 않는 허공에서
끊임없이 뽑히다 엉키는 거미줄
끝난 이야기에 조문하는 심정으로
동백꽃 붉은 냄새 지운다
잊고 있던 늑골의 통증을 깨운다
찍히지 않아도 발자국은 발자국
건너뛰는 계절이
오늘의 침묵을 요한다

## 그, 후박나무


물고기 한 마리
불일암 처마 끝에 산다

먼먼 아득함 속에 사라졌어도
잠들지 않는
그저 세상 밖을 떠돌다
물고기 울음으로 되돌아왔을 뿐

경계는 두 손바닥을 모으는 것

댓돌 위
흰 고무신 한 켤레

후박나무 잎은 스락스락
묵언하는 것들을 깨우고

스님은
울타리를 거두는 중이다

# 2부

이제 자장가를 꺼야 할 시간

# 무심

무無 밭인 창공을 향해
한 뼘만큼의 설움을
바닥을 치고 오른 가지처럼 내민다

영혼이 누워도
안간힘으로 버티는
육신의 굴레에서 움트는 지독한 사랑

아무도 모를
잔상殘像이 겨울로 고스란히 남아

감히 나는 울음 우는 것조차 망설여진다

슬픔의 글자들이
강물 위에 비로소 역할을 내려놓는다

## 깨어나는 무제

두 평의 공간에 든
어둠이 휘저어진다

아기가 기침을 한다
자지러진 소리

Relaxing Piano 10 Hours
브람스의 연주곡은 무던하다

이제는 깨어나

네 몸 어딘가 웅크린
바람의 눈을 오려내어

오래된 잠을 버려야 한다

아침의 햇살을 따라
돌아가야 한다

이제 자장가를 꺼야 할 시간

〈
부재不在는 통유리에 붙은 낡은 스티커처럼
지나쳐야 한다

## 꽃인 줄 모르고 핀다

볕을 모아
겹겹이 두른 동백림

새들은 상두꾼 소리 따라 울고
뚝,
뚝,
떨어진 붉은 꽃송이

숨 가쁘게 아버지를 곡한다

"유리창 너머 자꾸 나를 부른다
어여 가, 어여 가 휘이"

새를 쫓듯 팔 내젓던 아버지
꽃무등 타고 떠나신 길

"너에게는 보이고 싶지 않구나"

"아버지, 무거운 날개 이제 내려놓으세요"
〈

동박새 날아온 이른 봄

아버지 놓고 간 자리마다 움트는 눈
그늘 아래 꽃인 줄 모르고 핀다

## 악몽

밤의 눈을 닦는다
누군가는 새벽을 열기 위해 복도를 서성이고
누군가는 다시 잠으로 들어가고

밤과 새벽 사이 사이렌이 급하게 응급실 문을 연다

울음이 금지된 출입문은 없다
공간과 시간의 초점이 비틀어진다

"미안해요, 미안해요 이를 어쩌나"
칸막이 너머 쓸려나가는 핏덩이들의 몸이 늘어진다

선홍빛 새살이 머리부터 돋아나야 하는데
누구도 오지 않는다

되풀이되는 습(習) 슬그머니 목덜미를 잡고
현실을 부정하며 일어서더니
기억이 편집되는 병동의 경계를 무너뜨리며 콜록거린다

모든 건 다 지나가

막다른 절벽이 꿈을 꾼다

# 수염 틸란드시아


태어난 순간부터 먼지의 유목민이었을까

뿌옇고 누런
적막의 세계에서 부유물로 떠돌다
은행나무 정충으로 되살아난 날

잎의 배후는 이미 정해져 있고
안과 밖의 시간은 경계를 허물고 온다
하늘과 땅이 잇닿은 우주목 신화

스무 살에 처음 물푸레나무에 꽃이 핀 걸 본 소년이
질문조차 던지지 않은
곰팡이 생식기관을 만지며 버섯처럼 피어난 꽃

소년이 머물다 간 자리마다 피어난 그 꽃을
가만가만 쓸어 보았다
목이 막힌다

어느 경치에 머리 풀고 자리 내릴
나를 당신은 먼지꽃이라 부른다

## 능소화

꽃이 떨어졌다

차마 밟지 못하겠다

깨금발 딛고
징검 꽃 건넌다

툭
툭
떨어진 향기

꽃과 꽃 사이의 발자국이
당신을 붙든다

돌아본 마음
우두커니

떨어진 꽃은
웃음마저
애닯다

## 알고 있습니다

있는 걸 잊었어요

시간이 잘 씹혀지지 않아요

웃음이 입 밖으로 굴러요

플래티넘 원소가 달려들어요

두 볼을 먹어 치운 얼굴이 쫓아오네요

제례를 마친 딸이 비행기를 타고 타국으로 떠나요

튀어나온 흉터가 시려요

입에서 피어나는 사족

차가운 물통에 담긴 틀니가 웃네요

산 함박꽃처럼

## 약속이나 하듯


옷가지 훌렁 빠져나간 텅 빈 장롱
몸져누워 울었다

변변한 집 없는 가난한 총각에게 눈멀어
보따리 싸서 나간 딸
남겨 놓은 신발 한 켤레가
눈물에 잠긴다

생리 묻은 속옷 한번 빨아 본 적 없고
손에 물 묻힌 적 없는 여린 것이
이제나 올까 저제나 올까
흰 수건으로 이마 질끈 동여매고
밥 지었다

엄마, 엄마 내 엄마
미안해요 딸은 이제 그만 잊어요

사랑은 그토록 얇은 얼음장이런가
시간이 무표정한 얼굴을 하고
〈

속없는 딸 몇 해 지나
딱 저 같은 딸 데리고 돌아왔다

방싯거리는 딸에 속창아리 빠진 딸

그 딸에, 그 딸에 그 딸이라
말을 잃었다
내어놓은 몸에 바람이 몰린다

## 나비와 나비

물컹하게 깨문 살점이 내 여린 유년 같다

돌아보니

볕 바른 토방 마루에 앉았다 사뿐 날아가는 한 마리의
나비인 듯하다

오백 살 먹은 은행나무
마당 한가운데 당당히 뿌리 내리고

아버지의 충직한 나비는 총명한 셰퍼드였다

달이 빛을 잃은 밤
그림자 담을 넘다 다리를 물리고
그 밤 나비는
은행나무 뿌리로 들어가 노랗게 팔랑거렸다

달빛이 돌아올 때까지 아버지는 엄마를 찾고
어린 나는 하염없이 기다렸다
은행나무엔 주렁주렁 열매 열리고

대문 안으로 수많은 나비 떼가 날아왔다

그 해가 다 가도록 엄마는 오지 않았고

기다림이 떼지어 울었다

그림자도 눈물을 흘린다는 것을 그때 처음 알았다

## 바이올린의 서사

빗줄기에 선율을 던졌다

바다의 집에 뿌리내린 교각
우리의 약조는 흩뿌려진다

달리고 달린 시간이
방울로 흐르고

산 중턱 봉분처럼 무너진 어느 순간이
바람의 날을 세운다

끊어질 듯 이어지는 다 카포\*
지칠 줄 모르는 피아졸라의 탱고
부에노스아이레스 사계가 넘실거린다

어둠 안에 반짝이는 수천억 개의 행성이
밤하늘을 지켜내듯

화성을 넘어 빗줄기를 타고
너는 나에게로 왔다

\* D.C '처음부터'

## 어둠이 오는 길로


저 달이 구름을 안고
어디선가 개 짖는 소리

누군가의 고독이
계곡을 따라 흐르는
인가의 기침 소리 들린다

빛을 견디지 못한 영혼이었을까
흰 머리 풀고 달에 오른다

빛이 스민 얼굴로
달향을 기억하며 어둠을 맡는다

달빛이 길을 내주어도
결코 서둘지 않기로 한다

풀벌레처럼 찌르르 찌르르
별똥별 하나, 사람으로 든다

## 내 안의 토굴


쉼 없는 소용돌이에도
숨이 멎을 듯한 자맥질은 멈출 수 없고

악마의 발톱이 할퀴고 간 시간
덧난 상처가 다시 긁힌다

놀란 가슴은 그림자조차 뒤따르지 못하고
저 홀로 바빴다

머무는 둥지엔 작은 온기마저 사라지고
쪼그려 순종한 시간만이
가까스로 체온을 지켜내고 있다

굳게 닫힌 밀실의 문고리를 흔드는 기억이
호수 속에서 비명을 지른다

너는 웃고 있는 거니?

태풍의 눈이 닿기를 몇 번
〈

소리와 바람의 속도로 날아간 지도에
앉아 있는 나는
어디쯤 멈춰 있는 걸까

## 암자

뭉개지는 진흙에
자꾸만 발목 잡힌다

귀퉁이에 웅크린 바람
숭숭 뚫린 가슴 스치고

하늘 향해 뻗어 있는
외길은 한 꺼풀씩 겹을 벗긴다

오르고 올라 디딘 자리
구름자락 붙잡고 선 사성암은

암벽 닿고 벗은 영혼

가볍다

## 바람을 짚다

여름이
다 가도록
절집
처마에 매달려

소리를 동냥하는 목어처럼

손가락을 비웃는
유난히 밝은 달처럼

내 눈동자에 서린 네가
닦아지지 않는 서글픔으로
서늘하게 서 있다

창을 비집고
들어 온

금목서의 향

# 3부

신이 머무는 정원은 아이의 것

## 처음


너는 어느 길을 돌아 나에게 왔을까

노루 발자국은
모퉁이마다 눈물로 그렁거린다

쓸려 가는 것을 주저하지 않는 길

아무도 가지 않은 길 위에
처음으로 들어가 마음을 부려 놓는다

바탕화면에서 사라진 노루
수북이 자라는 풀을 밟고

기를 양養과 어질 양良 사이의
잃어버린 시간을 찾아

이끼가 이름처럼 깔린 길을 지난다

길은 이미 있었지만
길을 몰랐다

## 뿌댕이

티눈 박힌 무딘 발로
너를 일궈 줄까나

겨우내 잠자던 너를 깨워
씨알 굵은 뿌댕이를 심어 줄까나

심심찮게 준 정에
초록 물결 무리 지을 때

티눈은 간데없고
새롭게 눈을 뜨는 황토밭이여

굽은 허리
육신을 쑤시는 삭아 내림도

부대끼며 맞대다 보면
고통은 사라지고

영글어 가슴 가득 들어오는
배반하지 않는 땀

〈
어머니의 밭에
내 발을 심는다

## 소문은 돌고


향매마을 슈퍼 앞 낡은 의자 아래

고양이 배 깔고 졸고 있다
무료함이 어쩌면 꿈일지 몰라
길들여진 생활이
본능을 거부할지도 몰라

한낮의 시간 향매에 물을 뿌린다
보이는 것이 다가 아니다

단막의 시나리오
네 안의 나, 네 안의 대사를 읊는다

끝나야 끝난다는 것

그녀는
쌍꺼풀 성형하고 이마에 필러 넣고
십 년 젊어져 하이힐 신고 슈퍼를 나선다

다섯 살 어린 족발집 사장 만나러 간다는 걸
고양이는 알고 있다

## 정원 가꾸는 남자


호흡을 가지런히 정리한다

새벽을 지고 가는 당신의 굴레에 소의 눈망울이 잡힌다
무지개를 씨앗 주머니에 감추고
즐겁게 춤을 추는 당신은 헤르메스 이방인

괭이와 삽과 낫을 신의 말처럼 밭 자락에 옮겨 적는다
잡히지 않는 시간을 노래하는 동안
당신은 비를 가두는 중

신의 뜻에 따라 화려한 오색 꽃 피고
새들이 날아오고, 흰 날개를 가진 닭들이
홰를 치더니 청색 알을 낳는다

신이 머무는 정원은 아이의 것

소가 새벽을 걸어 나간다
아버지의 아들
아들이 낳은 아이의 눈에도 소의 긴 눈썹이 붙어 있다

아이가 소의 코뚜레를 잡는다

# 어디쯤

당신, 오고 있나요
풀꽃 방석을 깔아 드릴 테니 한번 다녀가세요
봄이 죽은 산기슭엔
온통 얼음새 꽃이 피었어요

쌓인 눈이 추억에 구멍을 뚫은 게 분명해요
그렇지 않고서야 지하로 가는 뿌리가 눈 속에서 파르르 피어날 리 있겠어요
한 손에 황금잔 들고
소의 불룩한 배를 어루만지기만 했는데
얼레지 보랏빛 치마가 춤을 추어요

숨소리로 유혹한 독배를 드는 시간
적막과 혼돈의 자궁 속에서 바람이 혈서를 썼어요
늑골의 맥을 이승의 인연으로 끌고 가네요

어느 마을에 물고기비가 내려 바닥이 펄떡거렸는데
이 봄을 지핀 불이 거기서부터 시작된 게 분명해요
갈증을 참은 듯 한꺼번에 타올랐어요
〈

늑대 한 마리 내 안에서 빠져나와
꽃나무 뿌리 속으로 걸어 들어가네요

으허허형 우우우우

천둥의 혈관을 찾아서요

## 굿, 달바라기

지리산의 여름은 소낙비와 우레와 천둥이
드는 자리를 만들기도 한다

폭포의 낙수 속에
누군가는 살이 오르고
누군가는 영(靈)이 내리고

허구한 날 신록의 울음은
구름 속에서 자지러진다

무당이 재현하는 아버지 목소리
"미안허이, 고맙네"
잠깐 엄마의 동공이 열린다

사람과 사람을 이어 도는 우주
이제 만나서는 안 되는 만남

나는 더위를 식혀주는 부채로
인연의 우레와 천둥을 털어낸다
씻김굿으로 씻겨진 것은 오롯한 결별일까

〈
길 닦는 밤이면
꽃처럼 피어나 달깍지가 된다

엄마
더 이상 아버지를 찾지 마세요

## 쉬쉬 시시


입꼬리를 올리면 이 년 전 오늘이 전송된다

샤반의 신성한 숲에서 하나쯤은 찾고 싶었던
갓 스무 살이 된 앙리 드 툴루즈 로트레크˚의 뼈

조팝, 빗방울, 액자, 안경, 목련, 거울
바다, 배, 섬, 시, 목발
낙서까지도 화면에 뜬다

고맙습니다 더 열심히 하겠습니다
화면에서 걸어 나온 낙서가 인사를 한다

시우, 눈 어딨어?
여기
안경은 시야에서 점점 멀어지고

아이의 손가락 끝에 걸린 원소기호 10번
화면을 터치한다
아이의 얼굴만큼이나 정확했다
〈

오독을 키우면 오독이 확대되는


* 프랑스 화가

## 산사에 피는 꽃

앳된 여승은 무엇을 피워

깊은 산중으로 왔을까

껍질을 부수고 깨어나는

산새 소리 맞추어 합장한다

들었다 빠져나가는 염불

고행은 산사에 피는 꽃이다

# 마음 읽기

 엄마도 울고 싶을 때 있단다 아가야, 눈물을 보이면 안 된다는 걸 알게 된 후, 슬픔 감추는 법을 배웠단다 혹, 이불을 뒤집어쓴다든가 베란다 빨래를 넌다든가 코스모스 가득한 곳으로 달려가 흔들거린다든가

 알아요, 엄마 엄마가 눈물 흘릴 때 엄마의 어깨 주머니에 나 몰래 눈물 붓는다는 걸, 엄마의 어깨가 무거워 보일 때 그때 알았어요 엄마의 어깨에 가득한 눈물을 길어다 마른 밭에 뿌릴 거예요 엄마는 새처럼 하늘을 날아갈 테고 꿈꿔 왔던 별을 딸 수 있을 거예요 마른 밭은 엄마의 눈물을 단비처럼 먹고 푸른 싹을 틔울 거예요 엄마, 가볍다고 아주 날아가지는 말아요

## 오, 깜짝이야

상추를 씻는다

흐르는 물 너머
상춧잎을 따라왔던 달팽이

툭- 떨어진다

상추를 놓고
저녁 식탁을 서성이다
화단으로 나선다

비에 씻긴 풀잎 사이로
달팽이 돌아간다

## 흐르는 편지

지리산 줄기 어느 한 부분만큼
나이를 가진 어른이 있다

지옥의 유디티UDT에서 살아나온 객기를
고스란히 책상에 묶어 놓은 그,

근근한 삶을 허리에 동여매고
무릎걸음으로 다가와 정직한 서체로 고행한다

영산靈山의 기운이 붓끝에 서릴 때
역사는 역사로
우레 친 소나기의 시간마저 영면永眠에 들게 한다

받은 훈장이 지리산의 그를 대변하듯
지난한 강물의 역사가 서체에 담긴다
모두 한 덩이로 흐른다

나도 흐를 수 있을까
삼장 하촌에서 만난 꿈틀거리는 서체

## 게놈지도

죽었다 생각한 발톱 하나
비집고 파고든다

생살에 비치는 선홍빛
뼈나 근육의 살점 되어 실금으로 나타나면 좋겠다

12월이 달력을 뜨우 것은
머무름을 택했기 때문이다

스프링에 매달린 애벌레를 보며
악마 메피스토펠레스의 입이
모든 이론은 회색이다 라고 속삭인다

1만 6천 년 전 빙하를 추적한 미토콘드리아 게놈

계보를 찾아 시간의 그물을 촘촘히 엮어
무심코 걸어가 툭 던져 놓는다

게놈과 개놈 사이로

## 일지매


뼈마디 살얼음

안으로 삭여
덧난 상처 지그시 누르고

여윈 삶 고개 숙여
심신 누일 때

접골 부위마다
드러나는 아우성

뚝뚝 흘린 향기에
아찔한 현기증

가슴에 저며 들어
새살처럼 돋아나는 꽃

너는 나의 몸이어라

# 4부

자줏빛 멍은 꽃물 같다

## amor fati\*를 거스른 욕망

운명을 믿지 않기로 한다

폐까지 차오른 눈물이
나무 밖으로 흐를 때

꽃으로도 감출 수 없던 아픔

거짓말이 필요할 때
두 얼굴을 보여 봐

천사와의 키스처럼 달콤한 말

유혹일지
실패일지

햇볕이 짜놓은 그물에
꽃의 말이 걸린다

운명을 두 번 믿지 않는다

\* 독일 철학자. 니체 운명애론

## 푸른 집 소파


비만한 자존심을 조이기엔 코르셋이 제격이지
베일을 벗은 네가 눈부신 아침

품속에 너를 안았어
너의 가슴이 뜨거운 것은 상실감이 크기 때문

우리의 원시적 사랑은
가난한 다섯 번의 사랑을 건너뛰고
여섯 번째 여름을 맞이하려 해

(살얼음처럼 위태한)

허리를 붙잡는 너를 떼어 놓고
나를 치대 화폭 안에 밀어 넣었어

(물살처럼 치고 빠지는)

몸이 기관차처럼 증기를 뿜을 때
숨죽여 프리다 칼로의 캔버스를 채웠지
〈

(온통 쨍한 파란색)

머리카락을 자르고 난 도도하게 서 있어

# earthing*

무게를 감당하는 발은 찬란하다
엄지발톱 자줏빛 멍은 꽃물 같다

어느 인디언 부족의 발에서 읽은 영혼이
나를 따라온다

이마에 솟아난
목단 봉오리 같은 뾰루지 하나
선하고 정직하다

집으로 돌아오는 저녁 시간 문 앞에
욕조가 배달돼 있었다

욕조에 발을 담그고 시를 읽었다
크고 작은 행과 행이 '문득'으로 겹친

금지지만 금지가 아닌 단어들
낯설지만 낯익게 다가왔다

맨발이어서 좋았다고

발은 다시 태양 아래 서 있다


* 지구와 우리 몸의 연결

## 벚꽃 여자

섬진강이
벚꽃을 먹어 치운다

끝날 것 같지 않은 물길을
거스르며 만개한 벚꽃

푸르게 낯이 서서 흐르는 동안

여자도 흐른다

강에서 길어 올린
싱싱한 은빛 언어

혈관으로 엮은 뗏목을 타고
너는 온다

결연한 비행을 앞두고

미완의 언어에
불꽃으로 타오른

여자

물에 든 꽃잎이
생애 마지막인 듯
윤슬에 피어난다

## 기도

꽃 아닌 것도 꽃으로 볼 수 있게 하소서

꽃잎 뚝뚝 떨어져도 아파하지 않게 하소서

내 마음에 꽃나무 한 그루 심어
환하게 피어날 수 있도록

그리하여 사람 속에서
기쁨을 피울 수 있게 하소서

서산의 노을과
바람에 이는 댓잎에 마음 베여도

모난 향기도 마다하지 않는 용기를 주소서

아프고 저린 길
멈추고 싶을 때

당신으로 가득한 길을 기억하게 하소서

## 꽃씨 모으는 남자

수수꽃다리 같은 향기가 나는 남자는
타고르와 챔파꽃을 좋아해

해가 서산을 향해 기울어 갈 때쯤
무심히 꽃이 바라보는 곳을 향해 걸어가다
"나마스떼" 인사말을 건네곤 해

그는 영혼을 자작나무 밑에 묻어두고 길을 나섰지
낡아진 구두에 꽃씨가 가득 차더니
이른 씨앗이 움텄지

먼 곳에서는 챔파꽃이 된 아이가 춤을 추며
꽃잎을 살짝 열어 일하는 엄마를 내다보았지

남자는 다시 챔파나무 그늘 아래의 길로 나서고
노을이 붉은 꽃을 바다에 던질 때
어깨 위 함뿍 진 꽃씨 받으러 간다지


* 라빈드라나트 타고르

## 두 발자국이 만나는 지점


겨울 길목에 든
갈대는
철새를 품는다

바람에 베이며
무성함을 버리고
갈잎으로 선다

깊은 겨울 건너
쉴 곳을 찾아오는
철새를 위하여

노래하는 듯한
종종걸음
강가를 시리게 맴돈다

오로지 몸이 기억하는
태양 컴퍼스를 따라
바람과 구름에 의지한다
〈

날갯짓이 흔적이다

하늘과 강은 날마다
발자국을 지운다

## 그를 읽다


"할머니 고마워요, 안심하고 떠나세요 할머니께서 저한테 나눠 주신 나이는 제가 잘 맡아서 간직할게요 그래서 이 다음에 제 마음이 지혜로 가득 차고 사랑으로 흘러넘치는 어른이 되면 제가 할머니 대신 새로 태어나는 아이들에게 그 나이를 다시 나눠 줄게요"

편지로 안부를 묻던 소년은 별의 순례자가 되었다

시간의 문을 열고 진목마을에 갔다
삶의 남루함이 부끄러웠던 소년은 간 곳 없고
몇 덩이 거대한 바윗덩이가 무겁게 올라앉은
정봉 아래 깊고 우뚝한 그림자 까닭 없는 공포가 된다

사립 밖 돌담 너머 하얀 배꽃이 소년의 넋두리를 풀어 놓고
고향길을 닦는다

밤길을 따라오는 물속의 별빛
빈 장독에 내려앉아 할머니의 나이를 나눠 주고 있다
〈

소살소살 개펄 따라 옛이야기 고향집 골목을 배회한다


* 이청준 소설 『축제』가 영화화 되어 망자를 보내는 씻김말 중

## 배부른 목록


지나온 모든 것이 소중해서 버리지 못한 것의 목록을 적는다
꽃무늬 원피스, 하늘색 블라우스, 스카프···
허기진 사랑을 찾아 헤맨 날들이 뭉텅이다

신발장 하이힐은 걷고 싶은 오랜 나의 바람
비워야 하지만 버리지 못한

구멍 난 스타킹, 헐거운 청바지
숨통 조이는 브래지어···
애착하는 목록 속에 집을 짓고 산
거미 한 마리 툭 떨어진다

거미가 아닌 것처럼 동그랗게 몸을 오므려
티끌이 된다

내장 섞인 국밥을 먹으며
거미에 대해 이야기한다
인색함에 대하여
몇 계절의 질문을 빠져나오지 못한 구차함에 대하여

〈
말해야 할 것에 대하여 함구한 채
묽어진 기도가 들키지 않게

먼 시선을 피해
거미는 옷장 안으로 기어들고

잊혀질 목록이 옷장 밖을 점검한다
하루를 채우고 온 만 사천 보가 볼록하다

## 여백

소서, 초복, 대서, 중복…

팔월은 보듬는 달
칠월이 아파 들썩이는 날들을
가만히 토닥거려 주는

칠월 칠석, 입추, 광복절, 말복, 처서…

팔월의 날들이
성큼성큼 걷자 해도
걷는 걸음 서두르지 않고

백로, 추석, 추분…

더위에 지친 풀들이 누워
풀꽃향 베이도록
눕고 또 누워

구월을 생각해 보는 달

# 가묘

사슴이 앉았던 기억은
양지바른 산등성이의 제비꽃으로 피거나
지는 꽃의 무덤이 되었다

지난날 누구를 위하여 피었던가
숲 사이를 바람처럼 유영해도
겨울의 자락은 시리기만 하다

뻣뻣한 날들 떨어져 두엄더미 되고
다음 해를 거역하지 않고
너, 나 없이 봄으로 살아난다

앓았던 기억에서 일어나
봄 숲으로 간다

잘려 나간 사슴의 뿔
구름 속에서 몽글어진다

## 풀꽃의 통점


아주 조그마했어
누가 보아도
너는

바람 불면 그 바람에 날아갈까 조심스러운 아이
없는 듯해도 그 자리가 환해지는

흙과 바람
소리와 한 몸 되는 그 아이를 나는 사랑했지
포크레인 밀고 들어와 무참히 짓밟을 때도
비명 한 번 지르지 못한 아이를

아파트 여러 동이 '내 안애'라는 이름으로 서고

일하는 게 봄이라는 당신 말이
봄말 같아서 자꾸만 뒤척여

없는 아이의 말소리가 들려
놀이터에서 속살거리는 듯
〈

꼭, 꼭 숨어라
머리카락 보일라

## 해인海印의 낙엽

나는 나에게로 가겠어요

당신은 당신의 길을 가세요

길 잃은 모퉁이

갈라진 오솔길

떨어져 뒹구는 솔방울

손 내밀어 일으키지 마세요

나는 나의 계절로 가겠어요

당신은 당신에게로 가세요

■ 해 설

## 눈물 너머 초록
− 박해달 시집 『꽃인 줄 모르고 핀다』 읽기

오민석(문학평론가·단국대 교수)

I.

이 시집에 가장 자주 등장하는 단어들은 "눈물" 그리고 그것의 관련어들(울음, 슬픔 등)이다. 시집에 나오는 응급실에도, 동백숲에도, 먼 기억의 시간에도, 가족 서사에도, 떨어진 꽃잎처럼 눈물이 깔려 있다. 박해달 시인에게 도대체 눈물은 어디에서 고여 어디로 흐르는 것일까. 그러나 그녀는 눈물의 꽃자리만 보여줄 뿐, 눈물의 기원과 그것이 흘러들어온 도관(導管)을 잘 드러내지 않는다. 그녀의 텍스트에는 출처가 지워진 슬픔이, 기원이 생략된 눈물이, 원인을 알 수 없는 설움이, 돌이킬 수 없는 현실로 희미하게 들어와 있다. 그것은 이미 가득 찬 현실이어서 출처나 기원이나 원인을 따질 여지가 없는 밀물 같다. 그것은 현실의 뭍으로 이미 쳐들어와 현실이 되어 있다.

> 물고기 한 마리
> 불일암 처마 끝에 산다
>
> 먼먼 아득함 속에 사라졌어도
> 잠들지 않는
> 그저 세상 밖을 떠돌다
> 물고기 울음으로 되돌아왔을 뿐
>
> 경계는 두 손바닥을 모으는 것
>
> 댓돌 위
> 흰 고무신 한 컬레
>
> 후박나무 잎은 스락스락
> 묵언하는 것들을 깨우고
> ─「그, 후박나무」부분

 암자의 처마 끝에서 물고기는 무슨 연유로 울고 있을까. 바람 속에서 그것의 울음소리는 무슨 이야기를 전하고 있을까. 중요한 것은 그가 "그저 세상 밖을 떠돌다/ 물고기 울음으로 되돌아왔을 뿐"이라는 것이다. 물고기의 고향은 바깥세상이 아니라 여기 암자의 처마 끝이며, 그것은 바깥세상에 나갔다가 온통 울음이 되어, 울음으로 되돌아왔다. 그러나 바깥세상의 어디에서, 무슨 이유로 그것이 울음에 감염되었는지는 중요하지 않다. 문제는 바깥세상이 울음으로, 울 일로 가득 차 있어서, 그곳의 어디를 돌아다니든 온몸이 울음에 물들 것이라는 사실이다. 그것이 묻혀온 울음을 보고, 듣고, (우리가) 할 수 있는 것은 "두 손바닥을 모으는 것"밖에 없다. "댓돌 위"의 "흰 고무신 한 켤레"는 그렇게 돌아와 울음을 묵상하며, 울음에서 벗어나려 하는 고요한 명상의 주체이다. 후박나무 잎은 상처받은 자의 이 고요한 묵언을 "스락스락" 깨운다. 이 시는 이렇게 설명 대신에 울음과 고요와 적막으로 이루어진 풍경을 슬쩍 보여준다. 시인은 울음으로 절대 깊이 들어가지 않으며, 그것을 떼버리려 애쓰지도 않고, 그저 풍경소리처럼 듣는다.

오백 살 먹은 은행나무
마당 한가운데 당당히 뿌리 내리고

아버지의 충직한 나비는 총명한 셰퍼드였다

〈
달이 빛을 잃은 밤
그림자 담을 넘다 다리를 물리고
그 밤 나비는
은행나무 뿌리로 들어가 노랗게 팔랑거렸다

달빛이 돌아올 때까지 아버지는 엄마를 찾고
어린 나는 하염없이 기다렸다
은행나무엔 주렁주렁 열매 열리고
대문 안으로 수많은 나비 떼가 날아왔다

그 해가 다 가도록 엄마는 오지 않았고

기다림이 떼지어 울었다

그림자도 눈물을 흘린다는 것을 그때 처음 알았다
　　　　　　　　　　　－「나비와 나비」 부분

　슬픔이 파편처럼 널려 있는 위의 그림에서도 "눈물"의 기원을 찾기란 쉽지 않다. 그러나 이 작품에서의 눈물은 "아버지"와 "엄마", 그리고 "나" 사이에 벌어진 서사임이 드러난다. 마당 한가운데의 거대한 은행나무에 수많은 나비 떼처럼 이파리들이 팔랑거리고 은행이 주렁주렁 열리던 해에, "아버지는 엄마를 찾고", "엄마는 돌아오지 않았고", "어린 나는 하염없이 기다렸다"는 것이 이 작품에 나오는 가족 서사의 뼈대이다. 물론 이 가족 서사가 이 시집 전체를 관통하는 눈물-서사는 아니다. 그러나 이 가족 서사를 통해 우리는 적어도 박해달의 슬픔이 '상실과 기다림'에 뿌리 박고 있음을 알게 된다. 흥미로운 것은 시인이 슬픔이라는 부정의 콘텐츠를 마치 축제처럼 풍요로운 배경 속에 그려놓는다는 사실이다. 누군가가 오지 않고, 나머지 사람들이 그 누군가를 하염없이 기다리는 슬픔의 서사 한가운데엔 "오백 살 먹은" 거대한 은행나무가 서 있고, "주렁주렁 열매"가 열린 그곳으로 "수많은 나비 떼가 날아"온다. 이 얼마나 풍요로운 신화의 그림인가. 풍요와 상실의 이 극명한 대비는 '기다림의 슬픔'을 더욱 깊고 아련하게 만든다. 시인은 메시지의 전달에 급급하지 않으며 전설처럼 풍요로운 눈물의 서사를 그려낸다. 그녀는 이야기의 세부를 뭉갠 후에, 풍요롭고 화려한 배경 위에 그것의 별빛만을 얹어 놓는다. 이것이 그녀만의 독특한 함축법이다. 그리하여 그녀의 눈물은 슬프면서 아름답고 아름다우면서 서럽다.

## II.

박해달은 결핍의 서사와 풍요의 서사가 동시에 존재함을 주목한다. 온 세상이 결핍뿐이라면 그 결핍은 이미 결핍이 아니며 결핍으로서 아무런 의미가 없다. 그 반대도 마찬가지이다. 오로지 차이만이 의미를 생산한다. 박해달의 시들은 한쪽에는 결핍의 눈물을 다른 한쪽엔 풍요의 신화를 담고 있는 거대한 저울 같다. 결핍과 풍요는 서로를 비추며 서로의 의미를 깊게 한다. 풍요는 결핍 때문에 더욱 풍요로우며, 결핍은 풍요 때문에 더욱 가난하다.

    당신의 얼굴은 파란 하늘 향해
    우수수 흔들리는 커다란 느티나무였다가
    맑게 솟는 어린 샘물이었다

    내게

    울음도 허락하지 않은 작별은
    불시에 찾아왔고
    상실을 견뎌낼 힘이 필요했다

    고백조차 허구가 된 시간

홀로된 두려움은 온통 붉고
지난날의 기억만 가득하다

신전은 떠나간 이의 운명을 잠그고
남은 자의 이름을 묻는다
  　　　　　　　　 －「건반 위의 발레리나」 부분

  이 시는 '당신과 나'의 이항 대립으로 이루어져 있다. "당신"은 파란 하늘을 배경으로 흔들리는 "커다란 느티나무"이자 "맑게 솟는 어린 샘물"이다. 당신은 신화의 긍정적인 축, 즉 풍요의 그릇에 올려져 있다. 이에 반해 '나'는 "울음도 허락하지 않은 작별"을 불시에 겪어야 했고, 그로 인한 상실을 견뎌내야 하는 현실의 부정적인 축, 즉 결핍의 그릇에 올려져 있다. '당신'의 풍요가 '나'의 결핍을 더욱 가난하게 한다. 나는 "고백조차 허구"로 만든 시간을 거치면서 "홀로된 두려움"에 떤다. 신("신전")은 이미 떠난 자의 "운명을 잠그고", "남은 자의 이름을 묻는다". 이제 심판을 받는 일은 오로지 남은 자에게만 주어진다.

무화과밭엔 자라지 못한 뱀들이 우글거리고
아무도 호수湖水를 호수라고 말하지 않는다

〈
별똥별 떨어져 반딧불과 섞이는 밤

만삭의 뱀이 서녘 산을 삼키다 빠르게 숲으로 들고
하구 둑 빛바랜 시멘트 조각 위
부슬거리는 배경으로 나는 서 있다

호수가 바다로 가는 동안에도
너는 돌아오지 않는다
울음으로 갈증 난 밤이면
당장 너를 끌어다 놓고 싶다

- 「우글거리는 고백」 부분

 "우글거리는 고백"이라는 제목과 우글거리는 "뱀들"의 형상은 '죄'의 기의로 연결된다. "고백"과 "뱀들"은 '죄'의 기표들이다. 무화과밭의 아직 다 자라지 못해 우글거리는 뱀들은 아직 죄가 되지 않는 무의식적 욕망의 상징이다. 그것들은 죄의 잠재성으로 가득 차 있다. 이 무의식의 거대한 에너지 때문에 세상의 모든 기표는 하나의 기의로 고정되지 않는다. "호수湖水"는 호수가 아닌 그 무엇이 될 수도 있으므로 아무도 "호수湖水를 호수라고" 말하지 않는다. "만삭의 뱀"은 욕망에서 이제 죄로 넘어가 버린 죄의 덩어리이다. 그것은 "만삭"의 상태이므로 곧 무수한 죄를 낳을 것이다. "나"는 "빛바랜 시멘트 조각 위의 부슬거리는 배경"으로 서 있다. 이 우울하고 슬픈 서사를 시인은 "별똥별 떨어져 반딧불과 섞이는 밤"이라는 아름다운 시간 속에 배치한다. 별똥별과 반딧불의 극심한 아름다움 때문에 우글거리는 죄의 밭에 서 있는 나의 "울음"은 더욱 참담하게 다가온다. 그 아름다운 밤은 나에게는 "울음으로 갈증 난 밤"이다. 앞의 시에서 어머니가 돌아오지 않은 것처럼, 이 시에서도 "너는 돌아오지 않는다". 시인의 슬픔과 울음의 내용은 다시 '상실과 기다림'임이 밝혀진다.

운명을 믿지 않기로 한다

폐까지 차오른 눈물이
나무 밖으로 흐를 때

꽃으로도 감출 수 없던 아픔

거짓말이 필요할 때
두 얼굴을 보여 봐
〈

천사와의 키스처럼 달콤한 말

유혹일지
실패일지

햇볕이 짜놓은 그물에
꽃의 말이 걸린다

운명을 두 번 믿지 않는다
　　　　　-「amor fati를 거스른 욕망」 전문

　화자는 왜 운명을 믿지 못할까. 그(녀)는 왜 니체의 전언("amor fati")처럼 자신의 운명을 용인하고 사랑하지 못할까. 그것은 과도한 슬픔, "폐까지 차오른 눈물", "꽃으로도 감출 수 없던 아픔" 때문이다. 이 시에서도 슬픔의 구체적 내용은 드러나지 않는다. 박해달에게 중요한 것은 슬픔의 내용이 아니라 슬픔의 기능 혹은 역할이다. 슬픔은 삶 속에 그냥 존재하는 것이 아니라, 무언가를 '한다'. 시인에게 슬픔은 시인의 삶을 지배하는 일종의 약호code이다. 그것에서 벗어나야 운명을 사랑할 수 있을 터인데, 그것에서 해방되는 일은 늘 "유혹" 아니면 "실패"로 끝날 가능성이 높다. 그러나 우리가 주목할 것은, 이 시에서도 "꽃으로도 감출 수 없던 아픔"이 "천사와의 키스처럼 달콤한 말"과 짝을 이루고 있다는 사실이다.


### III.

시인은 결핍과 슬픔 곁에 풍요와 생명의 서사가 동시에 존재함을 처음부터 끝까지 감지하고 있다. 그리하여 이 시집은 눈물의 꽃잎을 전체적으로 깔면서도 바로 그 자리에서 원시적인 풍요와 생명의 잔치 같은 언어를 동시에 구사한다. 이 역설과 아이러니, 그리고 변증의 언어가 박해달의 시이다.

    난 늘 초록이었어
    초록이어야만 하는 패를 쥐었으니까

    …(중략)…

    뇌척수막염을 끌어안고
    척추뼈에 한 뼘 크기의 바늘을 꽂았을 때
    애벌레처럼 웅크린 태아가 된 듯했어
    〈

몸속으로 스며드는 한기가 아무 데나 흐를 때
구멍마다 절망이 들어앉는 소릴 들었어

버렸던 꿈을 다시 꾸는 시간으로
초록으로 돌아가기 위한 아픔으로
척수액에 몸을 녹였지

새로 돋을 시푸른 초록을 위한
기꺼운 기침

― 「알지 못하도록 초록」 부분

  이 시에서 "초록"은 원초적인 생명성의 상징이다. 화자는 끔찍한 질병 때문에 "척추뼈에 한 뼘 크기의 바늘을 꽂았을 때", 왜 하필이면 "애벌레처럼 웅크린 태아"가 된 듯했을까. 죽음을 연상할 법한 시간에 화자는 오히려 생명-연대기의 초입에 있는 초록 "애벌레"와 자궁 속에 웅크리고 있는 "태아"를 떠올린다. 이것들은 모두 죽음의 터미널과는 정반대 편에 있는 생명성의 상징들이다. 그들에게 남아 있는 것은 죽음이 아니라 성장이다. 눈물로 가득한 텍스트에서 시인은 "난 늘 초록이었어"라고 고백한다. 눈물은 그녀의 운명이 아니라는 것이다. 그녀의 운명은 "초록이어야만 하는 패"이다. 그녀는 슬픔과 눈물과 고통의 현세에서 늘 "새로 돋을 시푸른 초록"을 꿈꾼다. 이러한 꿈 꾸기가 더욱 절실하고 설득력이 있게 다가오는 것은, 그것이 울음의 한복판에서 겨우겨우 어렵게 치솟아 오르는 것이기 때문이다.

> 숨소리로 유혹한 독배를 드는 시간
> 적막과 혼돈의 자궁 속에서 바람이 혈서를 썼어요
> 늑골의 맥을 이승의 인연으로 끌고 가네요
>
> 어느 마을에 물고기비가 내려 바닥이 펄떡거렸는데
> 이 봄을 지핀 불이 거기서부터 시작된 게 분명해요
> 갈증을 참은 듯 한꺼번에 타올랐어요
>
> 늑대 한 마리 내 안에서 빠져나와
> 꽃나무 뿌리 속으로 걸어 들어가네요
>
> 으허허헝 우우우우
>
> 천둥의 혈관을 찾아서요
>
>                                         -「어디쯤」부분

이 시집에서 가장 아름다운 시 중의 한 편인 이 작품

은 신화적 이미지들의 화려한 배치가 돋보인다. 화자에게 현세의 시간은 "숨소리로 유혹한 독배"의 시간이다. 그것은 늘 결핍과 죽음과 눈물의 서사를 생산한다. 그러나 세상은 그런 독배의 힘만 존재하는 곳이 아니다. 세상은 "적막과 혼돈의 자궁"이다. 그것은 결핍과 풍요, 눈물과 환희, 절망과 희망의 혼종체이다. 시인은 한쪽 발을 결핍과 눈물과 절망의 강물에 담그는 동시에 다른 발을 그 반대편에 담근다. 시인은 그 혼돈의 시원始原에서 "봄을 지핀 불"에 이끌린다. "물고기비가 내려 바닥이 펄떡"거리는 시간에 봄은 마치 "갈증을 참은 듯 한꺼번에" 타오른다. 그 거대한 봄의 불길(이 물과 불의 대비라니!) 속에서 시인은 "늑대"의 이미지를 만들어낸다. 늑대는 "꽃나무 뿌리 속"으로 걸어 들어간다. 늑대가 "으허허헝 우우우우"하고 울 때, "천둥의 혈관"이 울려 퍼진다. 이 천둥소리는 시인이 만들 수 있는 최고의 생명 예찬가이다.

    끝날 것 같지 않은 물길을
    거스르며 만개한 벚꽃

    푸르게 날이 서서 흐르는 동안
    〈

여자도 흐른다

강에서 길어 올린
싱싱한 은빛 언어

혈관으로 엮은 뗏목을 타고
너는 온다

결연한 비행을 앞두고

미완의 언어에
불꽃으로 타오른
여자

물에 든 꽃잎이
생애 마지막인 듯
윤슬에 피어난다

- 「벚꽃 여자」 부분

활짝 핀 벚꽃을 윤슬에 비추며 흐르는 시퍼런 강물에서 시인은 "싱싱한 은빛 언어"를 본다. 그 언어의 소유자는 "벚꽃 여자"이다. 그녀는 "혈관으로 엮은 뗏목을 타고" 불꽃처럼 타오른다. 이 "결연한 비행"은 바로 '눈물에서 초록으로'의 이행을 의미한다. 비너스처럼 아름답고도 신비한 이 탄생의 주체와 대상은 바로 시인 박해달이다. 시인은 결핍과 풍요, 눈물과 환희, 죽음과 생명의 혼종체에서 "생애 마지막인 듯" 꽃으로, 혈관으로, 천둥으로 타오른다. 그녀에게 시는 이렇게 미완에서 완성으로 가는 벚꽃의 언어이다.

상상인 시인선 **037**

# 꽃인 줄 모르고 핀다

**초판 1쇄 발행** | 2023년 7월 7일

**지 은 이** 박해달

**펴 낸 곳** 도서출판 상상인
**펴 낸 이** 진혜진
**편    집** 세종PNP
**책임교정** 종이시계
**표지디자인** 김민정

**등록번호** 제572-96-00959호
**등록일자** 2019년 6월 25일
**주    소** 06621 서울시 서초구 서초대로74길 29, 904호
**전화번호** 02-747-1367, 010-7371-1871
**팩    스** 02-747-1877
**전자우편** ssaangin@hanmail.net

ISBN  979-11-93093-07-8 (03810)

**값** 10,000원

* 이 책은 전부 또는 일부 내용을 재사용하려면 반드시 저작권자와 도서출판 상상인의 동의를 받아야 합니다

* 이 도서의 국립중앙도서관 출판시도서목록(CIP)은 서지정보유통지원시스템 홈페이지(http://seoji.nl.go.kr)와 국가자료공동목록시스템(http://www.nl.go.kr/kolisnet)에서 이용하실 수 있습니다.